Ich geh' dann mal weiter

Notizbuch mit weitergehenden Tieren und 7 mm
Zeilen für Leute, die das Besondere mögen

Kurt Heppke

Bibliografische Information der Deutschen Nationalbibliothek:
Die Deutsche Nationalbibliothek verzeichnet diese Publikation in der
Deutschen Nationalbibliografie; detaillierte bibliografische Daten sind
im Internet über http://dnb.dnb.de abrufbar.

Herstellung und Verlag: BoD – Books on Demand, Norderstedt

ISBN: 978-3-7562-1646-8

Dieses Buch gehört

Mehr von mir können Sie hier finden:
https://www.kurtheppke.com/